Heiner Faulenbach

Die Bußpsalmen
des Grafen
Hermann von Neuenahr

Neukirchener Verlag

© 1972 Neukirchener Verlag des Erziehungsvereins GmbH
Neukirchen-Vluyn
Alle Rechte, auch die des auszugsweisen Nachdrucks, der fotografischen
und akustomechanischen Wiedergabe und der Übersetzung vorbehalten
Umschlaggestaltung unter Verwendung eines Foto-Repros einer Por-
trätzeichnung des Grafen Hermann von Neuenahr (Kreisarchiv Moers):
Kurt Wolff, Kaiserswerth
Gesamtherstellung: Breklumer Druckerei Manfred Siegel
Printed in Germany — ISBN 3 7887 0322 9

Der Evangelischen Kirchengemeinde Utfort
und ihrem Prediger
Superintendent Dr. theol. Karl Koch
zugeeignet

Vorwort

In unserer sich so schnell wandelnden Zeit wird es immer seltener, daß ein Prediger einer Gemeinde nun schon ein Vierteljahrhundert dienen darf und will. Nach einer kurzen kommissarischen Tätigkeit übernahm K. Koch am 9. März 1947 die Pfarrstelle Utfort. In den seither verflossenen fünfundzwanzig Jahren war es ihm vergönnt, im Kreise tatkräftiger und sachkundiger Presbyter die Geschicke der Gemeinde zu leiten. So erzwang die Zunahme der Bevölkerung die Erstellung kirchlicher Gebäude und Einrichtungen sowie die Errichtung der Tochtergemeinden Meerbeck und Eick-West. Im Verlauf von ungefähr zwanzig Jahren nahmen auch die Aufgaben im Kirchenkreis Moers bis hin zur Übernahme des Superintendentenamtes ständig zu.

Trotz seiner vielschichtigen Verpflichtungen aber blieb K. Koch in erster Linie der Prediger und Seelsorger seiner in reformiertem Geiste erzogenen Gemeinde. Wir meinen, daß er dazu bis heute die Kraft nicht zuletzt aus seiner gründlichen Erforschung der Reformationsgeschichte gewinnt. Nicht nur die Gottesdienstbesucher, sondern auch die Leser und Hörer seiner Vorträge und Abhandlungen, mancher Student, Vikar und Amtsbruder haben sein umfassendes Wissen schätzen gelernt.

Wenn wir die Bußpsalmen des Reformators der Grafschaft Moers der Kirchengemeinde Utfort und ihrem Prediger anläßlich seines fünfundzwanzigjährigen Dienstjubiläums in dieser Gemeinde widmen, so wollen wir damit nicht nur eine persönliche Schuld für die Unterstützung unserer Studien ein wenig abtragen, sondern auch dankbar bezeugen, daß hier in einem überschaubaren kleinen Wirkungskreis mit großer Beständigkeit die Erkenntnis Jesu Christi als Grund für die Verkündigung und die Ordnung einer Gemeinde gelebt und gepredigt wird.

Inhalt

Einleitung

Ausbreitung und Bestand der Reformation war im Deutschland des 16. Jahrhunderts ohne die Tatkraft der weltlichen Obrigkeiten nicht möglich. Die Theologen waren Prediger und Vermittler der reformatorischen Lehre, Fürsten und Magistrate die Garanten der neuen kirchlichen Verhältnisse. Dies gilt für den Niederrhein nicht minder wie für andere deutsche Landschaften; doch wegen des nachhaltigen Widerstandes der katholischen Mächte erlangen in diesem Raum selbst kleinere Herrscher große Bedeutung für das Vordringen der Reformation. Neue Quellen oder Schriften, die ihre Persönlichkeit deutlicher als bisher erfassen lehren, verdienen besondere Aufmerksamkeit.

Im Streit der Konfessionen mußte damals auch die Obrigkeit eine gute Kenntnis der theologischen Tagesfragen besitzen, wenn sie ihre Auffassung des christlichen Glaubens und der Ordnung in der Kirche gewahrt sehen wollte. Viele Fürsten jener Zeit sind daher außerordentlich gute Kenner der theologischen Lehrentwicklung. Ihre Entscheidungen folgen nicht nur der Konfessionsentwicklung, sondern sie setzen auch aus eigener Kenntnis Maßstäbe für die Ausgestaltung der Lehre und der Kirchenordnung.

All dies gilt auch für den kleinen, aber einflußreichen Moerser Landesherrn, den Grafen Hermann von Neuenahr (28. 10. 1520–4. 12. 1578). Er führte das lutherische Bekenntnis offiziell in seinen Herrschaftsgebieten ein, widersetzte sich den radikalen Gnesiolutheranern und wurde schließlich zum Förderer der Anhänger Calvins, obgleich er dessen Lehre nicht in allen Stücken gutheißen konnte. Zugleich vermochte der aus humanistisch-melanchthonischem Geiste das Evangelium von Jesus Christus verstehende Graf trotz seiner lutherischen Gesinnung das Verhältnis zu seinen katholischen Lehnsherren, dem Herzog von Kleve und dem Erzbischof von Köln zeitlebens einigermaßen ausgeglichen zu gestalten. Er stand in Gunst bei Kaiser Ferdinand I. und Maximilian II., der ihn sogar zu seinem Rat ernannte.

Wenn wir von diesem Mann eine Bereimung der Bußpsalmen vorlegen können, so haben wir damit ein einzigartiges Dokument zur Beurteilung der Persönlichkeit des Grafen Hermann in Händen; denn es ist zu vermuten, daß sich in dieser Arbeit auch ein

Stück seiner Frömmigkeit, seines Glaubens und seiner Lebens-
erfahrung niederschlägt.

Jede Beschäftigung mit dem Grafen Hermann mußte bisher an
zwei Feststellungen unbefriedigend bleiben. Einmal ist dies die
Frage nach der im lutherischen Geist erstellten Kirchenordnung
für die Grafschaft Moers aus dem Jahr 1560; ihr Text scheint
verschollen. Zum anderen handelt es sich um das Problem, in
welcher Weise und in welchem Umfang der Graf sich literarisch
betätigt hat. Diese Frage läßt sich nun deutlicher als bisher beantworten.

Es ist bekannt, daß eine Reihe von gelehrten Zeitgenossen mit
dem Grafen Hermann nicht nur in lebhaftem und Jahre um-
spannenden Briefwechsel gestanden haben, von dem uns leider
nur bescheidene Reste erhalten geblieben sind, sondern daß mancher ihn auch durch die Widmung einer Schrift geehrt hat[1]. So
meint Johannes Weyer, der bekannte, lange Jahre am Klever Hof
als Arzt tätige Bekämpfer der Hexenprozesse, in der Zueignung
seiner Schrift »De irae morbo«, der Graf rage an Bildung unter
den Fürsten Deutschlands hervor, und in seinem berühmten und
weit verbreiteten Hauptwerk »De praestigiis daemonorum ac
incantationibus ac veneficiis libri sex« rühmt er seine Sprachkenntnisse und Gelehrsamkeit[2]. Der am Düsseldorfer Gymna-
sium wirkende Franciscus Fabricius preist ihn als Förderer der
Wissenschaften[3].

In die Welt der Wissenschaften ist Graf Hermann schon in jun-
gen Jahren allem Anschein nach durch seinen Onkel, den Kölner
Dompropst Hermann von Neuenahr, und Gelehrte wie Jakob
Sobius und Johannes Caesarius eingeführt worden. Im Geist des
Humanismus, den diese sogenannten neuen drei Könige Kölns
verkörperten, wurde er erzogen und unternahm er seine Bildungs-
reisen durch Deutschland, Frankreich und England. Sein früh-
zeitig erworbenes Wissen und seine Kenntnis wichtiger Länder
Westeuropas waren es, die ihn in den Fußstapfen seines Vaters,
des Grafen Wilhelm von Neuenahr, zum Freund und Ratgeber,

---

1 Vgl. Max Lossen, Artikel »Neuenar, Hermann«, in: Allgemeine
Deutsche Biographie, Bd. 23, Leipzig 1886, S. 488.
2 Joannis Wieri Opera omnia, Editio nova, Amstelodami 1660, p. 774,
507.
3 M. Tulli Ciceronis historia per consules descripta et in annos LXIIII
distincta per Franc. Fabricium Marcoduranum, Coloniae 1564, Epistola
dedicatoria.

zum Diplomaten und Handlungsbevollmächtigten des Kaisers und mancher Fürsten Deutschlands werden ließen[4]. Diese politischen Aktivitäten des Grafen sind im wesentlichen ebenso bekannt wie sein Wirken für die Reformation[5]. Sie sind für uns in diesen Erörterungen nur der in Erinnerung zu rufende Hintergrund, auf dem wir den Spuren der literarischen Tätigkeit des Grafen nachgehen wollen.

Im weiteren Sinne zählen zum literarischen Nachlaß des Grafen seine die zeitgeschichtlichen Vorgänge sehr lebhaft spiegelnden Briefe, die er in deutscher, lateinischer oder französischer Sprache abgefaßt hat. Die stilistisch nach den Gepflogenheiten der Zeit durchaus elegant erscheinenden Briefe[6] lassen in einzelnen Fällen auch erkennen, daß der Graf der griechischen Sprache mächtig war[7], die er bei Caesarius erlernt hat.

Aus dem Jahr 1531 besitzen wir das erste Zeugnis einer wissenschaftlichen Betätigung des Grafen. Wohl unter Mithilfe von einem seiner Lehrer gibt der zehnjährige Graf aus dem Nachlaß seines schon erwähnten gleichnamigen Onkels, der im Jahr 1530 verstarb, dessen Bearbeitung der medizinischen Schriften des Octavianus Horatianus mit einer kurzen Widmung an den Kölner Erzbischof Hermann von Wied heraus. Von der weiteren literarischen Tätigkeit des Grafen ist nur sehr schwer ein abschließendes Urteil zu gewinnen. Er scheint noch andere Werke herausgegeben zu haben, darunter auch einen Kommentar zu der Schrift des Stephanus Forcatulus »De Gallorum imperio et philosophia«[8]. Diese Arbeit ist uns bisher nicht zugänglich geworden. Der Nach-

---

4 Vgl. Beilage 10.
5 Vgl. 400 Jahre Bedburger Synode. Eine Festschrift. Hersg. Ev. Kirchengemeinde Bedburg-Niederaußem, Bedburg-Niederaußem 1971, S. 72 ff und die dort angegebene Literatur.
6 Vgl. das Urteil des Camerarius in Beilage 4.
7 Vgl. z. B. Simon Abbes Gabbema: Illustrium et clarorum viorum epistolae, Editio altera, Harlingae Frisorum 1669, S. 784, 788, 792.
8 Octavii Horatiani rerum medicarum libri quatuor per Heremanum Comitem a Neuenar, integro candori nuper restitutus autor. [Argentorati apud Joannem Schottum 1532.] Datum der Widmung: Bedburg, den 23. 6. 1531. – Ein Exemplar der seltenen Schrift besitzt die Univ.-Bibl. Tübingen. – Vgl. Johann Albert Fabricius: Bibliotheca latina mediae et infimae aetatis, tom. V. Florentiae 1858, p. 141; Lossen a. a. O. S. 486 sowie Wilhelm Rotscheidt: Kirchengeschichte der Gemeinde Neukirchen bei Moers, in: Monatshefte für Rheinische Kirchengeschichte, Jg. 3, Lehe 1909, S. 131.

weis weiterer Arbeiten wird schwierig sein; nur in einem Falle ist er gelungen.

In der uns bekannten neueren Literatur wird zweimal erwähnt, daß der Graf sich mit den Psalmen beschäftigt hat. Max Lossen entnimmt zwei leider nicht näher bezeichneten Quellen, daß er »die Psalmen teils in griechische, teils in lateinische Verse umgedichtet habe«[9], und Friedrich Wilhelm Cuno schreibt, der Graf sei ein sehr gelehrter Herr gewesen, »der unter anderen literarischen Arbeiten auch eine lateinische metrische Übersetzung der Psalmen verfertigte, welche nach einem Schreiben des Joachim Camerarius an ihn dieser im Jahre 1571 zum Druck förderte«[10]. Die Auskunft von Lossen könnte sich z. B. auf die allerdings recht unbestimmten Wendungen in einem Trauergedicht des Heinrich Geldorp auf Graf Hermann stützen[11]. Wir haben jedoch keine unbezweifelbare Nachricht darüber aufspüren können, ob der Graf tatsächlich eine Bearbeitung von Psalmen in griechischer Sprache angefertigt hat. Weiterführend war der Hinweis von Cuno, daß Camerarius für das Jahr 1571 eine lateinische metrische Übersetzung der Psalmen durch Graf Hermann bezeuge.

Alle einschlägigen alten und neuen bibliographischen Hilfsmittel versagen jedoch, wenn man nach einer Psalmenbearbeitung des Grafen Hermann von Neuenahr sucht. Eine Durchsicht der Briefe des Camerarius läßt jedoch alle Zweifel an der Behauptung Cunos schwinden: Es hat eine Psalmenbearbeitung des Grafen gegeben[12]. Diese Briefe enthalten zugleich auch die Erklärung, warum kein bibliographisches Hilfsmittel bei der Suche nach diesen Psalmen weiterführen konnte. Camerarius hat nämlich die Psalmen des Grafen Hermann zusammen mit eigenen Arbeiten unter seinem Namen erscheinen lassen. Bei der Durchsicht der Bibliographie des Camerarius findet sich für das von Cuno genannte Jahr keine in Frage kommende Schrift. Im Jahr 1573 erschienen jedoch »Psalmi septem, qui poenitentiae titulo celebrantur, translati in latinos versus jambicos dimetros, autore non nominato. Quibus et Threnorum Hieremiae Prophetae, et Psalmorum quoque aliquot carmina adjuncta sunt, composita a Joachimo Camerario. Lipsiae

9 a. a. O. S. 487.
10 Gedächnisbuch deutscher Fürsten und Fürstinnen reformierten Bekenntnisses, Teil III/IV, Barmen 1883, S. 48.
11 Vgl. Beilage 11.
12 Vgl. Beilagen 2, 4, 6, 7, 9.

in 8«[13]. Diese bibliographische Verzeichnung, die, wie wir inzwischen feststellen konnten, zugleich zutreffende Auskunft über die »Zutaten« des Camerarius gibt, war in Verbindung mit den Briefen des Leipziger Gelehrten der Beweis für die Existenz einer Psalmenbearbeitung des Grafen Hermann, die nun auch schon als Bußpsalmenbereimung genauer bestimmbar wurde.

Die den großen Personenkreis um Graf Hermann erfassende Nachforschung nach seinen Psalmen war damit weitgehend abgeschlossen und konnte sich auf den Nachweis eines Exemplars konzentrieren. Hier haben wir einmal mehr der Bonner Universitätsbibliothek zu danken, daß sie uns überraschend schnell das Exemplar der Württembergischen Landesbibliothek Stuttgart zugänglich machen konnte. Als Ergänzung zu der Verzeichnung bei Fabricius ist der letzten Seite dieses schmalen, 111 Seiten starken Buches als Erscheinungsvermerk zu entnehmen: »Imprimebat Andreas Schneider typis Voegelianis Anno M D L XXIII.«

Die ungenauen Angaben bei Cuno sind nun erklärbar. Er hat weder die Briefe des Camerarius in dieser Sache ausgewertet, noch diese Schrift in Händen gehabt. Mit den Briefen des Camerarius ist aber der Beweis gegeben[14], daß der im Titel dieser Schrift verschwiegene Autor der Bußpsalmen kein anderer als Graf Hermann von Neuenahr ist. Aufgrund des uns vorliegenden Exemplars sind die Hinweise von Lossen und Cuno dahingehend zu präzisieren, daß der Graf keinesfalls den gesamten Psalter bearbeitet hat, sondern daß er sich mit den seit den Zeiten der Alten Kirche sogenannten sieben Bußpsalmen beschäftigt hat, denen er als Anhang noch den vierundsechzigsten Psalm hinzufügte. Diese acht Psalmen sind mit gleichartigen Arbeiten des Camerarius im Jahr 1573 in Leipzig zum Druck gelangt.

Camerarius hat die unter seinem Namen laufende Schrift dem Grafen Hermann gewidmet. In seinen Ausführungen verschweigt er absichtlich den Namen des Autors der Bußpsalmen. Dies kann jedoch den Beweis nicht erschüttern, daß der Graf ihr Verfasser ist. Der Widmung wie den Briefen des Camerarius ist zu entnehmen, daß es ausdrücklicher Wunsch des Grafen war, daß die Psalmen ohne Nennung seines Namens gedruckt werden sollten. Hier ist es außerordentlich bedauerlich, daß kein Brief des Grafen

13 Johann Albert Fabricius: Bibliotheca Graeca, vol. XIII, Hamburgi 1726, p. 527.
14 Vgl. Beilagen 4, 7.

an Camerarius aufzuspüren war, der über die Gründe des Moerser Landesherrn Auskunft gibt, warum er seine Autorschaft verschweigen wollte. Ja, es hat den Anschein, als ob nicht einmal Camerarius alle Briefe des Grafen in dieser Angelegenheit erhalten hat[15].

Eine literarische Beschäftigung mit dem Psalter liegt für Geistliche nahe, weil sie bekanntlich wesentliches Element der Stundengebete sind. So hat z. B. auch der Dompropst Hermann von Neuenahr einige Psalme in lateinische Verse umgesetzt[16]. Eine Beschäftigung speziell mit den Bußpsalmen ist ebenfalls nichts Ungewöhnliches. Wenn sich jedoch ein Laie, ein einflußreicher Politiker und Landesherr gerade diesen Psalmen zuwendet, so liegt darin etwas Besonderes. Die anonyme Erscheinungsweise muß diesen Eindruck verstärken. Dafür muß ein Grund vorhanden gewesen sein, in dem das Besondere dieser Bußpsalmenbereimung aufspürbar ist.

Die anonyme Erscheinungsweise stellt uns vor die Frage, ob der Autor in die Bearbeitung der Bußpsalmen etwa ein Selbstzeugnis hat einfließen lassen, das als Grund anzusehen wäre, warum er bei den Lesern und damit in der Öffentlichkeit nicht als Verfasser bekannt werden wollte. Mit dieser Überlegung betreten wir ein unsicheres Gelände. Doch wir möchten einen Interpretationsversuch anbieten, der in Verbindung mit den Briefzeugnissen die Bußpsalmenbearbeitung des Grafen daraufhin befragt, ob eine Aussagetendenz anzutreffen ist, die man als Grund für die anonyme Erscheinungsweise ansehen könnte.

In jeder Hinsicht unbekannt ist, ob der Graf nach einer griechischen oder lateinischen Textvorlage an die Bereimung der Bußpsalmen herangetreten ist. Aufgrund seiner Sprachkenntnisse ist beides denkbar. Ein Vergleich etwa mit dem Quintuplex Psalterium des Faber Stapulensis oder einem zeitgenössischen Vulgatatext in Verbindung mit der Glossa ordinaria zeigt denn auch sofort, daß die Frage nach einer Vorlage aufgrund des Textes des Grafen nicht zu beantworten ist. Nur ein Briefzeugnis, das jedoch fehlt, könnte hier Klarheit schaffen. Denn der Graf hat auf gar keinen Fall irgendeinen gängigen Text der Psalmen nur in metrische Formen umgegossen. Seine Bereimung ist auch nicht in einem engen Wortsinn als Übersetzung zu sehen, sondern als freie

---

15 Vgl. Beilagen 6, 7, 8, 9.
16 Vgl. Fabricius, Bibl. lat. l. c.

Bearbeitung und Auslegung. Der Graf hat den Psalmentext durch neue Vokabeln gedeutet, die er in keiner Vorlage angetroffen haben kann, ja er hat an zahlreichen Stellen Worte bis hin zu ganzen Verszeilen hinzugedichtet. Darin liegt der Grund, warum wir von einer Auslegung der Bußpsalmen durch Graf Hermann zu sprechen haben. Seine sprachliche Gestaltung dieser Psalmen ist selbstverständlich in Abhängigkeit vom Versmaß zu sehen, das gleichmäßig durch alle Texte der jambische Trimeter ist. Von ihm gewählt aber ist die altertümliche Schreibweise, der Vokabelschatz und die altlateinische Formenbildung. Diese Kennzeichen seiner Bearbeitung treten in allen Psalmen hervor; sie erweisen ihn als gebildeten Humanisten, der die lateinische Sprache in allen ihren damals gepflegten Ausdrucksmöglichkeiten beherrscht. Die durch diese Sprachmittel gewonnene, oft recht realistische Ausgestaltung der Psalmentexte ist an all den Stellen die Grundlage zur Erhebung einer Aussagetendenz, an denen die Bearbeitung unbezweifelbar jede mögliche Vorlage in ihrer Aussage abwandelt oder durch Hinzufügungen ergänzt und auslegt. Eine Erörterung aller in Frage kommenden Stellen ist nicht sinnvoll, denn nur einige wenige sind so deutlich, daß ihnen eine Aussagetendenz entnommen werden kann. Um diese Stellen richtig zu erfassen, müssen wir auf die Briefzeugnisse zurückgreifen.

Der Graf hat sich offenbar über eine ganze Reihe von Jahren mit der Bereimung der Bußpsalmen beschäftigt. Einen Brief an Georg Cassander aus dem Jahr 1558 bewerten wir als das erste noch greifbare Zeugnis, durch das der Graf selber seine Beschäftigung mit dem Psalter belegt[17]. Es ist zu beachten, daß der Graf sich schon mit den Psalmen befaßt, bevor er im Jahre 1560 offiziell zum lutherischen Bekenntnis übertritt und in seinen Gebieten die Reformation durchführt. Im Jahr 1561 hat der Graf eine Reise nach Leipzig unternommen. Bei dieser Gelegenheit hat er dem berühmten Gelehrten Joachim Camerarius Stücke seiner Psalmenbearbeitung vorgelegt[18]. Nach Cassander ist Camerarius ein vom

---

17 Vgl. Beilage 1.
18 Vgl. Beilage 2. Leider ist dieser Brief ohne Jahresangabe ediert worden. Nach der Anlage der Briefsammlung ist das Jahr 1563 der spätestmögliche Zeitpunkt für eine Datierung. Wir wissen, daß Graf Hermann an der Hochzeit Wilhelm von Oraniens mit Anna von Sachsen am 24. August 1561 in Leipzig teilgenommen hat, vgl. Johannes von Arnoldi: Historische Denkwürdigkeiten, Leipzig und Altenburg

Grafen selber informierter Zeuge seiner Beschäftigung mit den Psalmen. Auch Geldorp erinnert daran, daß der Graf sich mit Camerarius über seine Studien ausgetauscht habe[19]. Erst im Jahr 1570 aber sind die Psalmen des Grafen fertiggestellt und an Camerarius übersandt worden[20]. Die Zeitangabe im Brief des Camerarius vom August 1573 erachten wir aufgrund des Briefes vom Juli 1570 für reichlich ungenau[21]. Der Brief aus dem Sommer 1570 läßt sich doch nur so verstehen, daß Camerarius die Psalmen des Grafen schon vor einigen Monaten erhalten hat. Sie können noch im Jahr 1569, spätestens aber Anfang 1570 die Fassung erhalten haben, die dann nach einem längeren Hin und Her, ob der Name des Grafen im Titel genannt werden soll[22], im Jahr 1573 im Druck vorliegen. Aus dieser langen Entstehungszeit kann man schließen, daß der Graf nur gelegentlich in Muße-stunden an den Psalmen gearbeitet hat, und daß er sich des Rates seiner gelehrten Freunde bedient hat. In welchem Umfang dies geschehen ist, wissen wir nicht; wir meinen jedoch, daß kaum soviel fremde Arbeit in diese Psalmen eingeflossen ist, daß der Graf deswegen seinen Namen nicht nennen wollte.

Lesen wir die Einleitung des Camerarius zu den Bußpsalmen des Grafen in Verbindung mit den wenigen Briefzeugnissen, so kommen wir zu der Auffassung, daß eine Bearbeitung des gesamten Psalters durch den Grafen nicht beabsichtigt war, sondern es ist immer nur von einzelnen Psalmen die Rede. Wir müssen so zurückhaltend formulieren, weil nirgendwo er-sichtlich ist, ob Camerarius alle Psalmen abgedruckt hat, die der Graf ihm zugeschickt hat. Die Aufnahme des vierundsechzigsten Psalms, den Graf Hermann bearbeitet hat, unter die Teile, die von Camerarius den Bußpsalmen beigegeben wurden, läßt doch die Frage aufkommen, ob Camerarius im Einvernehmen mit dem

1817, S. 131 und N. Japikse (Hersg.): Correspondentie van Willem den Eerste, Prins van Oranje, I. Deel (1551–1561), 's-Gravenhage 1934, S. 277–280. Es spricht alles dafür, daß er bei dieser Gelegenheit Camerarius persönlich kennengelernt hat. Nach der Zeitangabe in diesem Brief ist er dann mit großer Wahrscheinlichkeit am 1. 3. 1562 abgefaßt worden. Beziehungen des neuenahrer Grafenhauses zu Camerarius sind jedoch schon seit der Zeit des Augsburger Reichstages von 1530 denk-bar, auf dem Graf Wilhelm von Neuenahr und Camerarius anwesend waren.

19 Vgl. Beilage 10.
20 Vgl. Beilage 4.
21 Vgl. Beilage 9.
22 Vgl. Beilagen 4, 6, 7, 9.

Grafen eine Auswahl unter den neuenahrischen Psalmenberei-
mungen getroffen hat, deren Kernstück allerdings von vornherein
die Bußpsalmen waren[23].

Die lange Entstehungszeit der Bußpsalmen ist durch die Brief-
zeugnisse ebenso belegt wie die Autorschaft und die Verzögerung
bis zur Drucklegung. Über diese äußere Bezeugung hinaus enthalten unsere Beilagen wiederholt einen Hinweis auf den inneren
Aussagecharakter der neuenahrischen Psalmenbearbeitung: Ihr
Hintergrund ist die in düsteren Zügen gemalte Zeitgeschichte.
Die konfessionellen Streitigkeiten, die heraufziehende Zeit der
Religionskriege bewegt den Grafen. Camerarius und der Graf
sind sich in der Beurteilung ihrer unheilvollen Gegenwart einig.
Der Graf sieht im Widerstand katholische Kräfte in seinem un-
mittelbaren Einflußbereich wie in den ungewissen politischen Vor-
gängen in ganz Europa die Ursache für alle Verderbtheit seiner
Zeit, hinter der er Gottes Gerichtswirken an den Völkern ver-
mutet[24]. Camerarius unterstützt ihn in dieser Ansicht und erklärt,
daß gerade die Bußpsalmen in diese Situation hineinsprechen[25].
Gott wird als Erretter aus allem Unheil der Gegenwart angerufen.
Dies darf man wohl als die allgemeine Aussagetendenz der Bußpsalmen des Grafen ansprechen. Zu dieser Tendenz fügt sich gut
das Urteil Geldorps, daß das gesamte Wirken des Grafen Hermann als Kampf gegen die Macht des Antichristen zu verstehen
sei. Diesen Streit habe er, in einer Reihe mit dem Landgrafen
Philipp von Hessen und dem Kurfürsten Friedrich III. von der
Pfalz stehend, für seinen Herrschaftsbereich auch erfolgreich
durchgestanden[26]. Die Bemühung des Grafen um die Bußpsalmen
könnte man dann als den geistlichen Niederschlag, als die theo-
logische Bewältigung dieses Kampfes ansprechen: Alle Hoffnung
in diesem Kampf wirft der Graf allein auf Gott. Von ihm erbittet
er die Kraft zur Bewältigung der ihm auferlegten Auseinander-
setzungen.

Prüft man unter dem Aspekt eines zeitgeschichtlichen Bezuges
die Bußpsalmen mit den von Camerarius stammenden Texten, so

---

23 Im Druck füllen die Bußpsalmen die Seiten 11 bis 34; Psalm 64
steht auf den Seiten 102 bis 104.
24 Vgl. Beilagen 3, 5 und Guillaume Groen van Prinsterer: Archives
ou Correspondance inédite de la maison d'Orange-Nassau, Ser. I, tom.
3, Leide 1836, S. 154 f; tom. 4, Leide 1837, S. 25–29.
25 Vgl. Beilagen 4, 8.
26 Vgl. Beilage 10.

wird diese unsere Interpretation noch durch zwei Feststellungen gestützt. Einmal findet sich unter den von Camerarius stammenden Stücken ein umfangreiches Gedicht unter dem Titel »Ad Germaniam, ut convertatur ad curam salutis suae«. Es enthält eine Aufforderung an Deutschland, sich nicht durch Kriege zu zerfleischen, sondern durch wahre Buße alles weitere Unheil abzuwenden. Diesem Gedicht folgt eingebettet in gleichartige Stücke des Camerarius der ganz im Sinne der Bußpsalmen gehaltene, aber ihnen nicht zuzurechnende Psalm 64 in der Bearbeitung des Grafen Hermann: Der Beter erfleht Gottes Strafgericht über seine Feinde. Aus der Anordnung dieses Davidpsalms unter den »Zutaten« des Camerarius erhält er einen zeit- und persongebundenen Bezug. Dieser Psalm will offensichtlich verstanden sein als Klage des Grafen über seine eigenen Feinde, deren Untergang er erfleht. Durch eine zweite Feststellung ist auch aus den Bußpsalmen selber deren zeitgeschichtliche Bezogenheit unbezweifelbar. In Psalm 102, 2[27] redet der Graf von seinem Geschick in seinem unheilvollen Jahrhundert.

Fehlt uns auch ein Schriftstück des Grafen, aus dem hervorgeht, in welcher Absicht er die Bußpsalmen geschrieben hat, so reichen doch diese Beobachtungen aus, um als eine Aussagetendenz festzustellen, daß sie ein Urteil über das Unheil in der Gegenwart des Grafen enthalten. Der alttestamentliche Beter wird in die zweite Hälfte des 16. Jahrhunderts gestellt. Seine Worte sollen die Not der Gegenwart vor Gottes Ohr bringen. Wenn wir uns fragen, ob die Charakterisierung der Gegenwart als unheilvolle Zeit als Grund zu würdigen ist, aus dem heraus der Graf seinen Namen der Bußpsalmenbereimung nicht voranstellen wollte, so meinen wir, daß dies wenig plausibel ist, denn diese Beurteilung der Zeit teilt der Graf mit sehr vielen Zeitgenossen. Warum sollte er da mit seiner Ansicht Zurückhaltung üben und nur anonym schreiben wollen? Das in die Form einer Psalmenauslegung gekleidete Urteil über den beklagenswerten Zustand seiner Gegenwart muß noch ein tiefer als dieser zeitgeschichtliche Bezug liegendes Motiv enthalten, das die Verschweigung der Autorschaft verstehbar macht. Für die Vermutung können wir nicht einmal auf Briefzeugnisse verweisen. Hier ist unsere Interpretation auf einige Stellen in der Bußpsalmauslegung angewiesen.

27 Versangaben beziehen sich auf den Text des Grafen Hermann.

Lesen wir in der Fassung des Grafen Hermann den Text von Psalm 6, 2; 32, 3; 38, 3—8 und 102, 3—11, so ist die Abweichung von jedem möglichen Vergleichstext in den alten Sprachen sehr erheblich. Man kann sich an diesen Stellen aber auch des Eindrucks nicht erwehren, daß der Graf von seinem eigenen Geschick spricht. Wir wissen, daß der Graf ein guter Zecher war[28], daß er mit zunehmendem Alter unter Gicht zu leiden hatte und daß er durch ein langes Siechtum auf den Tod vorbereitet wurde[29]. Eines der bekanntesten Bilder des Grafen Hermann[30] zeigt doch wohl jenen schwarzgekleideten und voll Betrübnis über sein Geschick recht elend aussehenden Mann, von dem in Psalm 38, 6 gesprochen wird. Dieser Vers ist wie ein Kommentar zu jenem Bild. So hat es allen Anschein, daß wir, wie die genannten Psalmstellen insbesondere anzeigen, in den Psalmen ein Selbstzeugnis des Grafen vor uns liegen haben, in dem er mit erschütternder Deutlichkeit über die selbstverschuldeten Leiden klagt, hinter denen er Gottes Strafe an seinem Leibe zu sehen vermag. Sehen wir hinter dem Ich der Psalmen die Person des Grafen, so ist er der zutiefst geängstigte und um sein Heil besorgte Mann, der mit Psalm 38, 18 so nachdrücklich um Gnade fleht, und dem Camerarius in der Einleitung zu den Bußpsalmen zuspricht, daß durch die Abwendung von Unglaube und Laster und die Hinwendung zu Frömmigkeit und Tugend dem wahren Bußfertigen die Gnade Gottes offenbar wird.

Eine weitergehende Konkretisierung der Einzelaussagen in diesen Psalmen erscheint uns kaum möglich. So müssen wir z. B. offen lassen, ob tatsächlich Freunde und Verwandte vor dem Grafen geflohen sind, wie es in Psalm 38, 11 ausgesagt wird, oder wer die Feinde sind, von denen er verschiedentlich recht deutlich redet.

Ist diese Bearbeitung der Bußpsalmen in ihrem Kern ein Schuldbekenntnis und eine Bitte um Gnade, so ist einmal die Ansicht des Camerarius verständlich, daß sie von allen Frommen und Gebildeten gelesen werden sollten[31], denn, so können wir er-

---

28 Vgl. z. B. von Arnoldi a. a. O. S. 38 ff und Lossen a. a. O. S. 487.
29 Vgl. Beilage 5, Friedrich Lau (Hersg.): Das Buch Weinsberg. Kölner Denkwürdigkeiten aus dem 16. Jahrhundert, Bd. III, Bonn 1897, S. 22, und Friedrich von Bezold (Hersg.): Briefe des Pfalzgrafen Johann Casimir, Bd. I, München 1882, S. 234.
30 Zuletzt in der »Festschrift Bedburg« S. 74 abgebildet. Ein ähnliches Bild im Ausstellungskatalog »Reformatio«, Köln 1965, Abb. 24.
31 Vgl. Beilage 4.

gänzen, solche Art, mit Gott über das eigene Leben zu reden, kann vielen als Beispiel dienen. Andererseits aber wird durch eine derartig personbezogene Auslegung auch einsehbar, daß der Graf seine Autorschaft nicht öffentlich zugestehen mochte. Als regierender Fürst hatte er Rücksicht zu nehmen auf den Gang seiner vielfältigen Geschäfte, auf die Achtung bei Freunden und Feinden. Hätte er sich als Verfasser dieser die Züge eines Selbstbekenntnisses tragenden Bußpsalmen bekannt, mußte sein Prestige sehr gefährdet sein. Weil in die Bußpsalmen ein Selbstzeugnis eingeflossen ist, darum wird der Graf die anonyme Erscheinungsweise seiner Arbeit angeordnet haben.

Es bleibt noch anzumerken, daß man der Psalmenbearbeitung die mehrjährige Entstehungszeit ebensowenig anmerkt wie den Umstand, daß ein Anhänger der Lehre Luthers hinter ihr steht. Eine bestimmte reformatorische Haltung spiegelt sich in ihnen nicht; eine konfessionelle Interpretation lag dem Grafen fern. Er gibt uns durch seine Psalmen ein Zeugnis seiner eigenständig aus der Schrift geschöpften evangelischen Frömmigkeit, die sein gesamtes Reformationswerk leitete, und von der man im Blick auf diese Bußtexte mit Worten des Apostels urteilen darf, daß Gottes Güte ihn zur Buße leitete (Röm. 2, 4), über der die Verheißung steht, daß der Herr denen nahe ist, die zerbrochenen Herzens sind (Psalm 34, 19).

Abschließend eine Bemerkung zu unserer Ausgabe: Den lateinischen Text geben wir nach dem von Camerarius besorgten Druck unter Beibehaltung seiner Satzzeichen, aber mit Ausschreibung aller Kürzungen und Korrekturen offensichtlicher Druckfehler wieder. Unsere Übersetzung kann nur eine Einweisung in die Feinheiten der lateinischen Sprachgestaltung sein. In den chronologisch angeordneten Beilagen bieten wir aus seltenen Büchern alle uns bekannten Texte, die mit den Bußpsalmen und ihrer Interpretation in Verbindung gebracht werden können. Es ist durchaus denkbar, daß noch weiteres Quellenmaterial an verborgener Stelle vorhanden ist; für Hinweise werden wir jedem Leser dankbar sein.

Text und Übersetzung
der Bußpsalmen
und von Psalm 64

Psalmi VII, qui poenitentiae titulo celebrantur, translati in versus latinos genere iambicos, numeris trimetros.

I. *Psalmus sextus*

1. Deus furoris in tui
   Ne me coarge impetu,
   Nec aestuantis vi tuae
   Irae gravi me corripe.
2. Ah parce quaeso debili
   Corpusculoque languido,
   Sana ossa nostra prae gravi
   Rigore fracta quae tremunt.
3. Moerore mortis mens mea
   turbatur anceps, at tuam
   Quando feres opem Deus?
4. Flectant preces te supplices
   Deus: feraque me eripe
   E morte: meque pro tua
   Serva Deus clementia.
5. Inter profundos haud erit
   Maneis, tui qui sit memor:
   At in sepulchro quis tuae
   Laudis canet praeconia?
6. Fessus gemendo sum miser,
   Et abluo sudoribus,
   Lectum fluentibus meum:
   Uberrimisque lacrimis,
   stratum rigo tristis meum.
7. Moerore saucius gravi
   Vultus perhorruit meus,
   Senesco cinctus undique
   Tot hostium phalangibus.
8. Procul hinc procul discedite,
   Quicunque patratis scelus:
   Fletus vocem Deus mei
   Audit videtque lacrimas.

Die sieben berühmten Bußpsalmen in lateinische Verse übertragen in Gestalt jambischer Trimeter.

I. Der sechste Psalm

1. Gott, im Eifer deines Zornes
   erweise mich nicht als unbrauchbar,
   und überfalle mich nicht
   mit der gewaltigen Kraft deines glühenden Zornes.
2. Ach, schone bitte den schwachen
   und erschlaffenden Körper,
   heile unsere schwachen Knochen,
   die vor großer Kälte zittern.
3. Vom Todesgeschick wird mein Geist
   bedenklich verwirrt;
   aber wann bringst du deine Hilfe, Gott?
4. Umstimmen sollen dich, Gott,
   demütige Bitten; reiße mich aus
   dem grausamen Tod; Gott, bewahre
   mich vor ihm kraft deiner Milde.
5. In der Unterwelt gibt es keinen,
   der deiner gedenkt;
   und wer singt
   im Grabe dein Lob?
6. Ermüdet vom Seufzen bin ich und elend,
   ich wasche mein Bett
   durch den herabtriefenden Schweiß,
   mit vielen Tränen
   benetze ich mein schmerzlich Lager.
7. Vom schweren Geschick verwundet
   ist mein Gesicht entsetzt,
   ich schwinde dahin, umgeben
   ringsum von der Schar der Feinde.
8. Weichet recht weit von hier,
   die ihr Frevel ausführt,
   Gott hört die Stimme meines
   Wehklagens und sieht die Tränen.

9. Votis benignus annuit
   Nostris Deus: nec supplicis
   Precationem reppulit.
10. Pudore suffusi in fugam
    Agantur hostes illico:
    Probris operti ingentibus,
    Versoque cedant agmine.

II. *Psalmus XXXII*

1. Foelix, cui peccata sunt
   Remissa: tecta et crimina.
2. Beatus ille, cui Deus
   Iniquitatem haud imputat:
   Menti nec eius fraus inest,
   Simulata sive fictio.
3. Revolvo mente dum scelus
   Tota et meum meditor die:
   Fletu, rugitu prae gravi,
   Cuncta ossa tabescunt mea.
4. Nocte ac die gravis tua
   Manus premebat anxium:
   Tum succus aruit meus,
   Aestatis igneae (ut solent)
   Flagrantis atque Sirij
   Ardere cuncta tempore. Sela.
   O vera verba et dulcia
   Recolenda, nocteque et die.
5. Mentem sic excitans meam
   Fatebor inquam, libere
   Me adversus ipsum proferam,
   Iniquitatem detegens
   Quem nil latet, Deo meam.
6. Ut fassus omne sum tibi,
   Haud crimen abscondens meum:
   Iniquitatem nec meam
   Abscondere ausus sordidam,
   Mox indicanti protinus
   Peccati inexpiabilis
   Noxam remisisti reo. Sela.

9. Unseren Bitten hat der gütige Gott
zugestimmt; er hat des Demütigen
Gebete nicht abgewiesen.

10. Mit Schande bedeckt, sollen
die Feinde sogleich in die Flucht getrieben werden,
und mit außerordentlichem Schimpf überhäuft,
sollen sie als geschlagener Haufe weichen.

II. Psalm 32

1. Glücklich ist der, dessen Sünden
vergeben und dessen Vergehen zugedeckt sind.

2. Selig jener, dem Gott
Ungerechtigkeit nicht anrechnet,
und in dessen Sinn weder Trug
noch geheuchelte Einbildung ist.

3. Während ich mein Unglück überdenke
und den ganzen Tag darüber sinne,
verwesen unter Weinen und lautem
Gebrüll alle meine Knochen.

4. Tag und Nacht bedrängte
deine schwere Hand mich Ängstlichen,
darauf vertrocknete mein Lebenssaft,
wie die Glut des Hochsommers
in der Zeit der Hundstage
alles verbrennt.
O wahre und süße,
Tag und Nacht zu bedenkende Worte.

5. Als mein Geist so angetrieben war,
sprach ich: Ich will bekennen
und mich offen gegen ihn aussprechen,
indem ich meine Ungerechtigkeit Gott,
dem nichts verborgen ist, aufdecke.

6. Da ich dir alles gestanden,
indem ich meine Schuld nicht verbarg
und meine gemeine Ungerechtigkeit
nicht zu verbergen wagte,
hast du dem die Last
unsühnbarer Sünde anzeigenden Schuldigen
alsbald vergeben.

7. Quapropter ardentissime
   Hoc te pius precabitur,
   Occasionem idoneam
   Nactus: furens ne ingentium
   Moles aquarum concita,
   Hunc naufragum forte obruat.

8. Tu asylum es unicum meum
   Angustijs in omnibus,
   Custos protector ac meus:
   Da liberatus ut tuas
   Laetus canam laudes ovans. Sela.

9. Docebo tete ac instruam
   Tutus queas quam carpere
   Viam: usque nostra lumina
   Te nostra ducent ac regent.

10. Mulosque equosque imitarier
    Nolite brutos: qui carent
    Rationeque ac prudentia.

11. Quorum ora frenis asperis
    Constringere atque immitibus
    Debes lupatis: efferi
    Nolunt habenas dum pati.

12. Plagae impios multae manent,
    At firmiter qui fidere
    Novit Deo, illum gratia
    Coronat atque amplectitur.

13. Gaudete laeti et alacres
    Sancti: Deus fideliter
    Nam vos tuetur ac regit:
    Huic gestientes plaudite
    Qui candido estis pectore.

7. Daher wird der Fromme,
   der eine geeignete Gelegenheit findet,
   dich darum glühend bitten:
   Wenn du wütest, möge die aufgewiegelte
   Masse der gewaltigen Wasser
   diesen Verzweifelten nicht zufällig erdrücken.

8. Du bist meine einzige Zuflucht
   in allen Nöten
   und mein Behüter und Schützer.
   Gib, daß ich befreit,
   fröhlich jubelnd dein Lob singe.

9. Ich werde dich lehren und unterweisen,
   welchen Weg du sicher zurücklegen kannst;
   unsere Augen werden dich ständig
   in unserem Sinne führen und leiten.

10. Werdet nicht Nachahmer
    der dummen Maultiere und Pferde,
    die der Vernunft und Klugheit entbehren,

11. deren Mäuler du durch rauhe Zügel
    und hartes Gebiß bändigen mußt,
    solange wie sie wild
    eine Leitung nicht dulden wollen.

12. Viele Schläge warten auf die Gottlosen,
    aber wer gewiß
    auf Gott vertraut,
    den krönt und umfängt er mit Gnade.

13. Freuet euch ihr frohen und lebhaften
    Heiligen, denn Gott
    schützt und regiert euch treulich,
    darum frohlockt und preiset ihn,
    die ihr aufrichtigen Herzens seid.

1. Ne me gravi Deus tui
   Furoris argue impetu,
   Poenas nec a me debitas
   Irae secundum fervidae
   Pondus rogo exigas tuae.

2. Nam tela in imis ossibus
   Haerent tenaciter tua,
   Potensque dextra me tua,
   Convulneravit acriter.

3. Haud sanitas in corpore
   Nostro, nec ossibus quies
   Pax aut medullis ulla inest:
   Recolo scelus quotiens meum.

4. Sic obruunt me crimina
   Ut verticem excedant meum:
   Molesque peccati mei
   Ceu sarcina ingens me opprimit.

5. Et putruerunt ulcera,
   Sanieque spurca diffluunt,
   Vanam meam ob dementiam.

6. Contractus, incurvus, miser,
   Atratus incedo, ac dolens
   Moerore plenus anxio.

7. Dum molle lancinat femur,
   Acre ulcus atque tabidum:
   Salubritas nec in meo
   Ulla invenitur corpore.

8. Prostrata virtus est mea
   Soluta compages quoque:
   Renumque cordis ac mei
   Virtus arescit humida,
   Fremens leo ceu rugio.

9. Meum omne desiderium
   Ac vota pernosti Deus,
   Nec moesta te latent mea
   Minuta vel suspiria.

10. Moerore prae multiplici
    Atque anxio cor palpitat:
    Ac destitutus robore

1. Gott, klage mich nicht an
   im großen Eifer deiner Leidenschaft,
   und die von mir verschuldeten Strafen
   mögest du bitte nicht entsprechend
   der Größe deines heftigen Zornes bemessen.
2. Denn deine Pfeile sitzen
   fest in den innersten Gliedern,
   und deine mächtige Rechte
   hat mich heftig verletzt.
3. Es ist weder Gesundheit
   in meinem Leibe, noch herrscht Ruhe
   oder Friede in Mark und Gliedern,
   sooft ich meine Ruchlosigkeit überdenke.
4. So bin ich von Vergehen überschüttet,
   daß sie über meinen Scheitel hinausgehen;
   so wie eine ungeheure Bürde
   erdrückt mich die Last meiner Sünde.
5. Meine Geschwüre stinken
   und im schmutzigen Eiter zerfließen sie
   um meiner eitlen Tollheit willen.
6. Gelähmt, gekrümmt, elend,
   schwarzgekleidet gehe ich einher
   und bin voll Betrübnis über mein beängstigendes Geschick.
7. Solange mein schlaffer Oberschenkel zerfleischt
   und das schneidende Geschwür verzehrend ist,
   findet sich in meinem Körper
   keine Gesundheit.
8. Vernichtet ist meine Kraft
   und der Bau des Körpers erschlafft;
   die Feuchtigkeit von
   Nieren und Herz schwindet,
   wie ein brüllender Löwe schreie ich.
9. Meine ganze Sehnsucht und
   die Gebete kennst du, Gott, genau,
   meine wehmütigen und kleinlichen
   Seufzer sind dir nicht verborgen.
10. Vor dem unbeständigen und beängstigenden
    Geschick zuckt mein Herz,
    verlassen bin ich

Sum vivido: mea lumina
Obducta sunt caligine.

11. Socijque amicique eminus
Hiante plaga territi
Stetere: proximi mei
Fugere me viso procul.

12. At machinantur qui necem
Mihi, me parantes perdere:
Tendunt plagas ac retia,
Miserum quibus me irretiant:
Atrocia ac mendacia,
Ac dira contra me evomunt:
Pravosque concinnant dolos
Omni scelesti tempore.

13. Ast ego velut surdus minas
Non audiebam turgidas:
Ceu mutus os clausi meum.

14. Ceu surdus auditu carens:
Qui non queat refellere
Obiecta falso crimina.

15. Opem tuam expecto Deus,
Votis meis respondeat
Benignitas precor tua.

16. Permitte nunquam cladibus
Insultet hostis ut meis:
Ne si vacillet pes meus
Cristas hic erigat suas.

17. Toleranda natus sum ad mala
Nullo dolor me saeviens
Relinquit aegrum tempore.

18. Scelus meum namque indico
Culpamque deprecor meam
Supplex miserque anxius.

19. Vivunt at hostes et valent,
validis et aucti viribus,
Innoxium crudeliter
Saevi trucesque me petunt.

20. Licet hijs ego benefecerim
Pius: malum reddunt mihi:
Ac persequuntur acriter,
Pacem quod innocens colam.

von lebensvoller Stärke,
meine Augen sind von Dunkel bedeckt.

11. Gefährten und Freunde
stehen erschrocken von ferne
vor meiner klaffenden Wunde;
meine Nächsten fliehen vor meinem Anblick in die Ferne.

12. Und die mich zu ermorden trachten,
schicken sich an mich zu verderben;
sie stellen Schlingen und Netze auf,
mit denen sie mich Elenden fangen;
Schreckliches, Lügen und
Unheilvolles speien sie gegen mich aus,
und auf schlimme Ränke sinnen die
Verruchten die ganze Zeit.

13. Aber ich bin wie taub
und höre die aufgeblähten Drohungen nicht;
wie ein Stummer habe ich meinen Mund verschlossen.

14. Wie ein Tauber, der die
grundlos vorgebrachten Beschuldigungen nicht
zurückweisen kann, entbehre ich des Gehörs.

15. Ich warte, Gott, auf deinen Beistand;
ich bitte, meinen Gebeten
möge deine Güte entsprechen.

16. Erlaube niemals, daß der Feind
über mein Unglück höhnt,
und wenn mein Fuß wankt,
daß er hier seinen Helmbusch aufrichtet.

17. Ich bin geboren, um Übles zu ertragen,
zu keiner Zeit verließ mich
Zerrütteten der wütende Schmerz.

18. Ja ich zeige mein Verbrechen an
und bitte um Gnade für meine Schuld
kniefällig, leidenschaftlich und beängstigt.

19. Aber die Feinde leben und sind stark,
sie haben sich durch starke Kräfte vergrößert,
wütend und grimmig bedrohen
sie grausam mich Unschuldigen.

20. Denen ich gottesfürchtig Gutes tue,
die vergelten mir Böses;
sie verfolgen mich hitzig,
weil ich rechtschaffen Frieden halte.

21. Ne me relinquas o Deus,
    A me procul ne abscesseris,
    Succurre confestim o Deus
    Salutis auctor o meae.

IIII. *Psalmus LI*

1. O fons perennis gratiae
   Miserere supplicis Deus,
   Pro singulari et maxima
   Clementia precor tua.
2. Iuxtaque multitudinem
   Bonitatis immensae tuae
   Aufer scelus delens meum.
3. Terque et quater me crimine
   Ab hoc gravi quaeso ablue:
   Peccata nostraque omnia
   Expunge, purga ingentia.
4. Agnosco crimen en meum
   Deflens atrox quam humillime,
   Semperque imago criminis
   Versatur ante oculos meos.
5. Soli tibi peccavimus
   Patravimusque ingens scelus:
   Tu iustus in sermonibus
   Cunctisque deprehenderis
   In actibus: si iure quis
   Tecum velit contendere,
   Damnatus ac victus cadat.
6. Concepit ecce in sordibus
   Me criminum mater mea:
   Culpaeque avitae me reum
   Enixa morti obnoxium est
   Mundumque in istum protulit.
7. En veritas unicus
   Amator es, quae cordium
   Recessu in intimo latet:
   Abstrusa tu prudentiae
   Scientiae secretaque
   tuae revelasti mihi.

21. Verlaß mich nicht, o Gott,
    sei nicht ferne von mir;
    eile unverzüglich zur Hilfe, o Gott,
    du Urheber meines Heils.

IIII. Psalm 51

1. O Quelle nie versiegender Gnade
   erbarme dich bitte, Gott,
   des demütig Flehenden
   nach deiner einzigartigen und großen Milde.
2. Und entsprechend dem Reichtum
   deiner unermeßlichen Güte
   nimm weg und tilge mein Vergehen.
3. Drei und viermal reinige mich
   bitte von diesem schweren Verbrechen;
   streiche aus und reinige
   von allen unseren ungeheuren Sünden.
4. Siehe, ich erkenne mein Vergehen,
   demütig beweine ich es heftig,
   und ständig bleibt das Abbild
   des Vergehens vor meinen Augen.
5. An dir allein haben wir gesündigt
   und das ungeheure Verbrechen begangen,
   auf daß du gerecht erfunden
   würdest in Worten
   und allen Taten; wenn einer auf Grund des Rechts
   sich mit dir messen will,
   soll er schuldig und besiegt fallen.
6. Siehe, meine Mutter empfing
   mich im Schmutz von Schuld,
   sie gebar mich als Schuldner,
   dem Tod ausgesetzt für ererbtes Vergehen,
   so setzte sie mich in diese Welt.
7. Siehe, du bist der einzige
   Liebhaber der Wahrheit, die im innersten
   Winkel der Herzen verborgen ist;
   du hast mir offenbart
   die verborgenen Geheimnisse
   deiner Klugheit und Einsicht.

8. Hyssopo amaro me expia
   Tunc mundus innocensque ero,
   Scelus meum si laveris
   Candore vincam vel nives.

9. Aures repleto gaudio,
   Novaque laeticia meas:
   Tunc ossa subsilient mea,
   Quassata quae sunt acriter.

10. Averte vultum mi Deus
    A crimine o Deus meo,
    Peccata deleque omnia.

11. Cor obsecro crea Deus
    Mundum meum atque lucidum:
    Infunde in ima viscera,
    Firmum piumque spiritum
    Qui moriger siet tibi.

12. Vultu sereno deprecor
    Ne me repellas a tuo:
    Sanctum tuumque spiritum
    A me rogo nunquam auferas.

13. Et gaudium mi pristinum
    Ac spem salutis reddito:
    Promto ac parato spiritu
    Me protege ac corrobora.

14. Legis vias pandam tuae
    Docebo iniquos ac sacrae,
    Ut poenitentes dehinc tuis
    Obtemperent sermonibus.

15. A caede me absolvas Deus,
    Deus salus mea unica.
    Paeana lingua quo tibi
    Laetum canat mea iugiter.

16. Tu labra solvito mea
    Ut ora nostra laudibus
    Tuis canora personent
    Grates agantque debitas.

17. Pingues iuvant te haud victimae,
    Has obtulissem, non tamen
    Holocausta cordi sunt tibi.

8. Entsündige mich mit scharfem Ysop,
dann werde ich rein und unschuldig sein,
wenn du meine Ruchlosigkeit abwäschst,
werde ich sogar den Schnee an Glanz besiegen.

9. Erfülle meine Ohren wieder mit Freude
und neuer Fröhlichkeit;
dann werden meine Gebeine,
die heftig erschüttert sind, emporspringen.

10. Mein Gott, wende den Blick ab
von meinem Vergehen, o Gott,
tilge alle meine Sünden.

11. Inständig bitte ich, Gott,
erschaffe mein Herz rein und klar;
gieße in das Innerste
einen festen und frommen Geist,
der dir zu Willen ist.

12. Nachdrücklich bitte ich, vertreib
mich nicht von deinem frohen Angesicht,
und ziehe bitte niemals
deinen heiligen Geist von mir.

13. Und gib mir die alte Freude
und Hoffnung auf das Heil zurück;
durch einen willigen und entschlossenen Geist
beschütze und stärke mich.

14. Die Wege deines heiligen Gesetzes
will ich lehren und den Abgeneigten kundtun,
auf daß künftig die Reuigen
deinen Worten gehorchen.

15. Von Blutschuld sprich mich frei, Gott;
Gott ist mein einziges Heil.
Daher dichtet dir meine lobsingende
Zunge sofort Angenehmes.

16. Löse du meine Lippen,
damit mein sangeslustiger Mund
deinen Ruhm besingt
und den schuldigen Dank ausspricht.

17. Fette Opfertiere, die ich darbringen würde,
erfreuen dich nicht,
auch Brandopfer sind nicht nach deinem Herzen.

18. Accepta grataque hostia
    Deo anxia est mens poenitens,
    Moerensque cor nullo Deus
    Despexit unquam tempore.
19. Favore pro solito Deus,
    Zion tuo complectere:
    Urbis tuaeque construe
    Muros sacrae Ierusalem.
20. Sanctae placebunt hostiae
    Tuis refertae laudibus:
    Tunc rite delectaberis,
    Oblationibus pijs,
    Holocausta tunc praepinguia
    Altaria imbuent sacra,
    Vitulique lascivi tua.

V. *Psalmus CII*

1. Audi benigne flebiles
   Preces Deus, quas fundimus,
   Admitte clamantis vocem
   Haurito et auribus meam.
2. Absconde neu vultum tuum,
   Lugubri in isto saeculo
   Angustiae quando undique
   Cingunt, premunt, ac obruunt
   Aures apertas exhibe,
   Quoties opem imploro tuam,
   Succurre quaeso protinus.
3. Nam vita deficit mea
   Ceu fumus evanescere
   Liquidum solet per aëra:
   Ut torris incensus, mea
   Sic ossa prorsus aestuant.
4. Ictu gravi cor saucium,
   Flaccessit herba ut languida:
   Ac debilis prae nausea
   Omnem cibum fastidio.
5. Adhaeret ossibus cutis
   Clamore prae gemitu ac meo.

18. Von Gott angenommene und willkommene
    Opfer sind ein besorgt bereuender Geist,
    und ein betrübtes Herz hat
    Gott zu keiner Zeit verachtet.
19. Entsprechend deiner bekannten Gunst,
    Gott, umfange Zion;
    erbaue die Mauern
    deiner heiligen Stadt Jerusalem.
20. Die zu deinem Lob dargebrachten
    Opfer werden dir gefallen;
    dann wirst du dich an den
    frommen Gaben in rechter Weise ergötzen,
    dann werden fette Brandopfer und ausgelassene
    Kälber deine heiligen Altäre füllen.

V. Psalm 102

1. Gott, höre gütig
   die klagenden Bitten, die wir vorbringen,
   laß herandringen und öffne
   die Ohren für meine klagende Stimme.
2. Verbirg dein Angesicht nicht,
   da mich von allen Seiten
   in diesem unheilvollen Jahrhundert
   Schwierigkeiten umgeben, belasten und erdrücken;
   schenke mir offene Ohren,
   sooft ich deinen Beistand erflehe,
   eile bitte sofort zur Hilfe.
3. Denn mein Leben geht zu Ende,
   so wie Rauch durch die klare Luft
   zu verschwinden pflegt;
   wie ein brennendes Holzscheit,
   so lodern meine Knochen ganz und gar.
4. Von einem schweren Schlag ist das Herz verwundet,
   es verwelkt wie dürres Gras;
   und schwach vor Übelkeit
   verschmähe ich alle Speise.
5. Die Haut klebt an den Knochen
   wegen meines Klagens und Stöhnens.

6. Onocrotalo similis fero
   Deserta moestus incolo,
   Ut noctis ales putribus
   Gemit in ruinis luctifer.
7. Noctem trahoque pervigil,
   Ut passer in tecti solet
   Lugere solus culmine.
8. Probris acerbis me petunt
   Hostes protervi et improbi:
   Quin et scelesti per mea
   Mala deierare non timent.
9. Cinerem velut panem voro:
   Potumque lacrimis meum
   Permisceo flagrantibus.
10. Irae premor dum pondere
    Gravis furoris ac tui:
    Sublimius nam me evehis,
    Quo sit ruina vastior.
11. Vitae dies fluxae mei,
    Ut umbra transvolant levis,
    Herba ut virens quae frigore est
    Adusta, langueo miser.
12. Tu semper at manes Deus
    Per cuncta regnans secula,
    Honosque lausque tempore,
    Ullo interibunt haud tua.
13. Exurge clemens ac Zion
    Vultu benigno respice:
    Nam tempus instat ut tua
    Hanc protegas clementia:
    Nam tempus inquam nunc adest,
    cecinere vates quod pij.
14. Servi tui namque expetunt
    Ardenti desiderio,
    Ut saxa ruderibus modo
    Purgentur atque sordibus:
    Lugent ruinas inclitae
    Urbis tuae hancque diligunt,
    Eius miserti pulveris.
15. Populisque terrori omnibus
    Sanctum Dei nomen siet:

6. Einer wilden Kropfgans ähnlich,
   bewohne ich wehmütig Einöden,
   ich bin wie ein trauerkündender Nachtvogel,
   der in verfallenen Gemäuern dumpf tönt.

7. Wachsam verbringe ich die Nacht
   wie ein einsamer Sperling,
   der auf dem First eines Daches zu trauern pflegt.

8. Mit bitteren Vorwürfen bedrohen mich
   die unverschämten und boshaften Feinde;
   ja, die Schurken fürchten sich sogar nicht,
   bei meinen Lastern zu schwören.

9. Asche verschlinge ich wie Brot,
   und meinen Trank
   vermische ich mit leidenschaftlichen Tränen,

10. während ich belastet bin mit
    deinem Zorn und deiner großen Leidenschaft;
    denn je höher du mich erhebst,
    desto größer ist der Fall.

11. Die Tage meines zerfallenden Lebens
    eilen vorüber wie ein flüchtiger Schatten,
    ich bin kläglich erschlafft wie grünes Gras,
    das im Winter erfriert.

12. Du aber, Gott, bleibst immer
    und herrschst durch alle Zeiten,
    deine Ehre und Lob
    werden zu keiner Zeit vergehen.

13. Erhebe dich mild und
    schaue mit gütigem Blick auf Zion;
    denn es ist Zeit, daß du es
    in deiner Milde schützt;
    jetzt, sage ich, ist die Zeit da,
    die die gottesfürchtigen Seher besungen haben.

14. Denn deine Knechte wünschen
    mit brennendem Verlangen,
    daß die Steine sogleich
    gereinigt werden von Schutt und Schmutz;
    sie trauern über die Verwüstung
    deiner berühmten Stadt, doch
    sie lieben sie trotz ihres beklagenswerten Zustandes.

15. Zum Schrecken sei allen Völkern
    der Name Gottes heilig;

Regesque terrarum arbitri
Omnes adorent gloriam
Numen Deique supplices.

16. Ut extruat rursum Deus
Celsae Zionis moenia:
Immensa maiestas Dei
Appareatque gentibus,
Manifeste spectanda omnibus.

17. Orationem supplicum
Ac imbecillium Deus
Exaudijt: nec pauperum
Precationes reppulit.

18. Mandentur isthaec literis
Monumenta certa posteris,
Divini amoris ut sient:
Lustris genus labentibus
Quod surget, aeternas Deo ut
Laudes triumphales canat.

19. Prospexit ex altissimo
Deus suo sacrario,
Ex arce sublimis poli
Perlustrat orbis climata.

20. Vinctorum ut audiret preces,
Gemitusque lamentabiles
Atrae dicatos solveret
Morti, reosque absolveret.

21. Ut in Zion celebrent tuum
Nomen Deus sanctissimum,
Raris ac ornent laudibus
Urbe in tua Ierusalem.

22. Populi frequentes confluent
Numerusque regum maximus,
Ut serviant soli Deo,
Eumque iugiter colant.

23. Vires humi Deus meas,
Prostravit ac vitae brevis
Praecidit incertos dies.

24. Deus obsecro haud intercipe,
Medio me in aevi termino.
Anni tui senio carent,
Florent per cuncta saecula.

alle Könige und Richter auf Erden
sollen kniefällig den Ruhm
und das Walten Gottes anflehen,

16. damit Gott wiederum aufbaue
die Mauern des erhabenen Zion;
und deutlich sichtbar
möge die ungeheure Majestät
Gottes allen Heiden erscheinen.

17. Gott erhört das Gebet
der Demütigen und
Mutlosen, und die Bitten
der Armen weist er nicht ab.

18. Das soll für die Nachfahren schriftlich
niedergelegt werden, so daß es ein
gewisses Zeichen der göttlichen Liebe ist,
damit das Volk, das in seinen Gliedern der Unsittlichkeit
verfallen war, und das sich daraus erhebt,
Gott ewige Triumphlieder anstimmt.

19. Gott sieht herab
von seinem allerhöchsten Bethaus,
aus der Festung des erhabenen Himmels
durchmustert er die Weltzonen,

20. damit er die Gebete und das klagende
Seufzen der Gebundenen höre,
löse und befreie
die dem schwarzen Tod geweiht sind,

21. auf daß sie in Zion deinen
allerheiligsten Namen, Gott, verherrlichen
und dich mit außerordentlichem Lob
in deiner Stadt Jerusalem ehren.

22. Die Völker und die größte
Zahl der Könige werden zu Hauf zusammenströmen,
damit sie allein Gott dienen
und ihn ewig verehren.

23. Gott hat meine Kräfte zu Boden
geworfen, und er hat die
ungewissen Tage meines kurzen Lebens beschnitten.

24. Ich flehe: Gott, raff mich nicht
in der Mitte des Lebens hinweg.
Deine Jahre sind frei von Altersschwäche,
sie blühen durch alle Zeiten.

25. Primordio rerum in novo
    Telluris orbem fertilis,
    Stabilem creasti tu Deus:
    Insigne opusque dexterae
    Coeli tuae sunt ignei.
26. Haec universa transeunt,
    Tu aeternus atque idem manes,
    Aevo senescunt omnia,
    Attrita vestis ut solet,
    Mutabis haec ceu pallia.
27. Mutatur haud unquam Deus:
    Anni tui, Regnum tuum,
    Aeterna sunt, florent, vigent.
28. Ortique servis e tuis,
    Orbem frequentes incolent,
    Horumque posteros Deus,
    Beabis atque diriges.

VI. Psalmus CXXX

1. Malorum abysso e maxima
   Ad te Deus clamo miser.
2. Admitte supplicis preces,
   auresque attentas applica,
   Querimoniae Deus meae.
3. Si nostra tu vis crimina
   Notare censor ut gravis
   Iudexve iustus: quis potest
   Vultu Deus coram tuo
   Mortalium subsistere?
4. Propensus erga omnes favor
   Perspecta cunctis gratia,
   Nota ac tua est clementia:
   Quapropter omnes invocant,
   Colunt, timent nomen tuum.
5. Expecto nunquam non opem
   Tuam Deus certissimam:
   Spes omnis in verbo tuo
   Salus repostaque est mea:
   Mens nostra te solum expetit.

25. Gott, du hast mit dem ersten
    Anfang der Dinge den
    festen Kreis der fruchtbaren Erde geschaffen;
    und ein hervorstechendes Werk
    deiner Rechten sind die feurigen Himmel.

26. Sie werden sämtlich vergehen,
    du aber bleibst derselbe ewiglich,
    im Alter werden sie alle dahinschwinden,
    wie ein abgenutztes Kleid,
    wie einen Mantel wirst du sie wechseln.

27. Gott aber ändert sich niemals:
    deine Jahre, dein Königreich
    sind ewig, sie blühen und bleiben kräftig.

28. Die Nachkommen deiner Knechte
    werden die Erde zahlreich bewohnen,
    und ihre Nachfahren wirst du,
    Gott, beglücken und lenken.

VI. Psalm 130

1. Aus dem tiefsten Abgrund der Laster
   rufe ich Elender zu dir, Gott.

2. Höre an die Bitten des Demütigen,
   und wende, Gott, deine aufmerksamen
   Ohren hin zu meiner Klage.

3. Wenn du unsere Vergehen
   rügen willst wie ein strenger Zensor
   oder gerechter Richter, Gott,
   wer von den Sterblichen
   kann dann vor deinem Angesicht bestehen?

4. Gegen alle bist du geneigt,
   sichtbar ist jedem deine Gnade,
   und deine Milde ist bekannt;
   daher rufen dich alle an,
   verehren und fürchten deinen Namen.

5. Ich hoffe fest, Gott,
   auf deine sehr zuverlässige Hilfe;
   meine ganze Hoffnung und mein Heil
   ist gegründet in deinem Wort;
   meine Seele trachtet nach dir allein.

6. Deo Israel credat suo,
   Favore numinis sui
   Nitatur: ut solet vigil
   Optare lassus fulgidum
   Crepusculi ortum rosidi.
7. Expectet inquam hunc Israel
   Audacter: eius nam favor
   Immensus et clementia,
   Blanda atque aperta est omnibus,
   Penesque eum redemtio
   Est certa abundans ac salus.
8. Hic Israel populum suum
   Pressum gravi scelerum iugo,
   Redimet, reducet, eruet.

VII. *Psalmus CXLIII*

1. Audi Deus timidas preces
   Orationemque auribus
   Hauri benignis, pro fide
   Solita ac tua clementia:
   Miserumque iusticiam ob tuam
   Audi, manumque porrige.
2. Haud iure cum servo tuo
   Agas precor: mortalium
   Vita caduca nam hac fruens,
   Nemo innocens iustusve erit,
   Ante ora productus tua.
3. Vitam efferus prosternere
   Gestit, soloque affligere
   Hostis: cogens obscura me
   Et antra situ squalida,
   Subire, nigra ut tartara.
4. Moerore sese conficit
   Mens nostra: corque prae metu
   Tremiscit atque palpitat.
5. Memor retroacti temporis,
   Revolvo mente saepius
   Acri, Deus tuae inclita
   Divina gesta dexterae.

6. Israel glaube an seinen Gott
und stütze sich auf die Gunst
seiner Hoheit, wie der
müde Wächter den Morgen
seit der feuchten Abenddämmerung herbeiwünscht.

7. Mutig, sage ich, hoffe
Israel auf ihn; denn seine Gnade
ist unermeßlich und seine Milde
ist reizend und allen offenbar,
bei ihm ist zuverlässige Erlösung
und im Überfluß Heil.

8. Er wird sein Volk Israel,
das unter dem schweren Joch ruchloser Menschen leidet,
erretten, zurückführen und herausreißen.

VII. Psalm 143

1. Höre, Gott, die ängstlichen Bitten,
und nimm das Gebet
entsprechend deiner Treue und Milde
mit geneigten Ohren auf;
höre mich Elenden um deiner Gerechtigkeit willen
und reiche mir die Hand.

2. Handle bitte nicht
nach dem Recht mit deinem Knecht,
denn ich genieße nur das hinfällige Leben von Sterblichen;
niemand wird schuldlos oder gerecht sein,
wenn er vor dein Antlitz geführt wird.

3. Der wilde Feind strebt danach,
mein Leben zu vernichten und es am Boden zu zerschlagen;
durch langes Liegen zwingt er mich
in finstere und schmutzige Höhlen zu gehen
wie in eine schwarze Unterwelt.

4. Mein Geist reibt sich auf
durch das Geschick, und das Herz
bebt und zuckt vor Furcht.

5. Ich erinnere mich der vergangenen Zeiten,
in meinem scharfen Verstand
komme ich öfter zurück, Gott,
auf die berühmten göttlichen Taten deiner Rechten.

6. Et acta miranda (haud potest
   Quae nulla lingua promere)
   Tua laetus unque praedico.

7. Expando dexteram tibi,
   Ad teque anhelat mens mea,
   Hiulca tellus ceu sitit.
   Sela.

8. Succurre confestim Deus:
   Tenuem attraho vix Spiritum,
   Vultum nec avertas tuum
   Serenum: ut haud cogar lacus
   Tristis subire tartari.

9. Tuae favorem gratiae
   Fac sentiam, cum fulgida
   Aurora cuncta splendido
   Collustrat alma lumine:
   Spes omnis ac salus mea,
   In te recumbit firmiter:
   Duc queso recta me via
   A qua ne aberrem longius,
   Securus hanc sed ambulem,
   Mens nostra votis omnibus
   Praesentiam exoptat tuam.

10. Ab hostium me libera
    Atrocium tyrannide,
    Ad te sacram velut anchoram
    Me confero tutissimam:
    Doce voluntatem tuam
    Deus, rudemque me instrue,
    Mandata ut exequar tua,
    Tu solus es Deus meus.

11. Sanctus tuus me Spiritus,
    Per tramites rectissimos
    Planosque deducat rogo,
    Per nomen o Deus tuum,
    Me serva, meque recrea,
    Periculis gravissimis
    Ex omnibus me libera.

12. Hostes favore pro tuo
    Excinde funditus meos,
    Fraudes struunt vitae meae

6. Und in einem fort —
   in jeder Sprache kann man es besingen —
   verkündige ich fröhlich deine bewundernswerten Taten.
7. Ich strecke meine Rechte zu dir aus,
   und nach dir lechzt meine Seele,
   wie ausgedorrte Erde dürstet sie.

8. Eile unverzüglich zur Hilfe, Gott, —
   kaum kann ich den zarten Geist herbeischleppen, —
   und wende dein heiteres Angesicht nicht ab,
   auf daß ich nicht gezwungen werde,
   in die Grube der traurigen Unterwelt herabzusteigen.
9. Mach, daß ich die Gunst deiner Gnade
   bemerke, wenn die glänzende Morgenröte
   alle fruchtbaren Felder
   mit strahlendem Licht beleuchtet;
   alle Hoffnung und mein Heil
   legt sich beharrlich auf dich;
   führe mich bitte auf rechtem Wege,
   von dem ich nicht weiter abirre,
   sondern den ich sicher wandle.
   Meine Seele wünscht durch
   alle Gebete deine Gegenwart herbei.
10. Befreie mich von der
    Tyrannei der schrecklichen Feinde,
    auf dich verlasse ich mich
    wie auf einen heiligen, sehr sicheren Anker;
    lehre mich deinen Willen,
    Gott, und unterrichte mich Ungebildeten,
    auf daß ich deine Weisungen ausführe,
    denn du allein bist mein Gott.
11. Dein heiliger Geist führe
    mich bitte die rechten
    und ebenen Pfade.
    Um deines Namens willen, o Gott,
    errette und erquicke mich,
    befreie mich aus
    allen sehr großen Gefahren.
12. Nach deiner Gunst vernichte
    meine Feinde gänzlich,
    die Nachteile für mein Leben ersinnen,

Laqueosque nectunt qui mihi,
Queis me queant subvertere:
Tibi namque servio iugiter.

und die mir Fallstricke knüpfen,
durch die sie mich vernichten können;
denn ich diene dir beständig.

Psalmus LXIIII. Appendix septem initio expositorum, autoris eiusdem.

1. Audi vocem Deus meam,
   Admitte supplicis preces,
   Ab hostis immanissimi
   Terrore libera horrido
   Animam anxiam precor meam.

2. Conventu ab occultu, precor,
   Ac impiorum fraudibus
   Me protegas nefarijs,
   Turba scelestaque eripe.

3. Poliunt ut enses qui suas
   Linguas acutos: dirigunt
   Tinctas sagittas toxico:
   Proh rem nefariam et impiam. Sela.

4. Iaculentur ut pium feri
   Locis opacis abditi,
   Subitoque tela perfidi
   Mittunt volantia undique,
   Truces ac imperterriti.

5. Varijs dolos coloribus
   Turpes tegunt ac roborant:
   Deque occulendis retibus
   Palam loquuntur subdolis:
   Quis, inquiunt, absconditos
   Nodos videre istos queat?

6. Occasiones sedulo
   Captant et observant leves:
   Subtiliterque excogitant
   Meditantur et fraudis genus,
   Turpissimum ad finem ut queant
   Perducere occultum scelus,
   Ac pravitatem in pectore
   Fovent abominabilem.

7. At hos Deus velociter
   Figet sagittis asperis,
   Appareant ut vulnera
   Repente eorum hiantia.

Psalm 64. Zugabe zu den sieben am Anfang vorgestellten Psalmen desselben Autors.

1. Höre, Gott, meine Stimme,
   nimm an die Bitten des Demütigen,
   befreie bitte meine
   ängstliche Seele von dem
   entsetzlichen Schrecken des übermächtigen Feindes.
2. Bitte schütze mich
   vor der geheimen Übereinkunft
   und den ruchlosen Freveln der Gottlosen,
   reiße mich aus dem verruchten Haufen heraus.
3. Sie glätten ihre Zungen
   wie scharfe Schwerter,
   die sie wie mit Gift getränkte Pfeile gebrauchen
   für eine ruchlose und gottlose Sache.
4. Sie werfen nach dem Frommen
   wie auf ein entferntes Tier an schattigen Orten,
   plötzlich schießen die Treulosen
   grimmig und unerschrocken
   ihre fliegenden Geschosse von allen Seiten ab.
5. Mit wechselnden Farben bedecken
   und stärken sie ihre schändlichen Ränke;
   sie reden öffentlich über
   die hinterlistig zu verbergenden Netze.
   Wer, sagen sie, kann
   diese verborgenen Hindernisse sehen?
6. Mit Fleiß greifen und lauern
   sie auf leichte Gelegenheit;
   gründlich bedenken und
   überlegen sie die Art des Frevels,
   damit sie das heimliche Verbrechen
   zum schändlichsten Ende hinführen können,
   und verabscheuenswürdige Schlechtigkeit
   hegen sie in ihrem Herzen.
7. Aber diese trifft Gott
   rasch mit scharfen Pfeilen,
   so daß ihre klaffenden Wunden
   plötzlich sichtbar werden,

8. Linguis ut impingant suis,
   Proprijs cadantque fraudibus.
   Fugient, stupebunt ac metu
   Prae gelido, stragem vident
   Quicunque eorum asperrimam.
9. Hominesque consternati ea
   Cuncti videbunt: atque opus
   Hoc inclitum palam Dei
   Annuntiantes proferent.
10. Laetabitur ac gestiet
    Celebrabit ac Deum, pius,
    Credetque in eum firmiter,
    Et corde puro praediti
    Dulci efferent se gloria.

8. so daß sie sich mit ihren eigenen Zungen schlagen
und fallen durch die eigenen Freveltaten.
Sie werden fliehen und erstarren in eisiger Furcht,
jeder, der von ihnen die sehr bittere
Niederlage sieht.
9. Alle Menschen werden es
bestürzt sehen, und
öffentlich werden sie dies
als berühmtes Werk Gottes bekanntmachen.
10. Der Fromme wird sich freuen,
frohlocken und Gott preisen,
er wird fest an ihn glauben,
und die reinen Herzens sind
werden sich brüsten mit süßem Ruhm.

Beilagen

1. Aus einem Brief des Grafen Hermann an Georg Cassander.
Datiert: Moers, den 18. August 1558.

»Clarissime vir, cum habeam quaedam dubia in meo Psalterio carmine reddito, ideoque opus habeam hac in re, tuo consilio, te magnopere rogatum velim, ut quam primum ad me venias, mihique prius diem itineri destinatum significes, ut iumentum aut currum eo procurari mandem . . .«

2. Aus einem Brief des Joachim Camerarius an Graf Hermann.
Datiert: Leipzig, den 1. März [1562].

»Generose ac Nobilis Domine, post tuae Gen.[erosae] Nobil.[itatis] discessum anno superiore saepe litteras ad te mittere statui, id quod ut facerem tu humanissima invitatione iusseras: At nescio quo pacto hoc facere distuli non negligentia aut oblivione, sed et consideratione quadam quid scriberem et penuria tabellariorum . . . Nunc opportunitate putavi utendum mercatus. Addidi autem his litteris libellos quosdam hic expressos . . . Recordans autem nuper eorum quae de Davidicis Psalmis translata mihi ostendisses, damnavi imprudentiam meam, qui tantopere aberrassem opinione mea. Cum te paulo post cognovissem, lectis epigrammatis quibusdam a te factis, non modo generosae nobilitatis ortu, et pietatis sanctitate, virtutis sapientiaeque splendore, usu rerum max.[imae] doctrinae copia eminere, sed reconditarum etiam litterarum elegantia atque eruditione excellere, et faciendorum versuum singulari facultate praeditum esse . . .«

3. Aus einem Brief des Grafen Hermann an Heinrich Geldorp.
Datiert: Moers, den 12. Juni 1569.

»Literas tuas indices veri amoris ac benevolentiae tuae recepi. Faxit Deus quod omnia in illo statu rerum sint ut scribis. Ego quidem ut de aliquibus non dubito, ita nec omnia possum affir-

mare; praesertim in hoc pestilentissimo mendaciisque refertis-
simo saeculo, in quo nullum potest afferri tam impudens mendacium quod teste careat . . .«

4. *Aus einem Brief des Joachim Camerarius an Graf Hermann.*
Datiert: Leipzig, den 15. Juli 1570.

»Litterae Generosae Nobilitatis tuae ante aliquot menses per-
quam clementer simulque graviter et eleganter scriptae, unaque
cum versibus ad me missae, eo tempore redditae mihi fuerunt . . .
tunc rescribere non potui, neque postea mittendi litteras occasio
oblata fuit, cum aegrotatio illa etiam pertinacior faceret, ut diu
ad scribendum non admodum essem idoneus. Nunc autem paulo
firmior vel minus potius infirmus, cum quibus recte dari possent
litterae viderentur, in hoc genere suum officium mihi detulissent,
diutius responsionem differendam non esse submissa cogitatione
iudicavi. De tristitia nostri saeculi et iis miseriis atque difficulta-
tibus, in quas delata est aetas nostra, quae Generosa Clementia
tua scribit, ea, ut iustis querelis deplorantur, sic quoniam in istam
necessitatem conversionis cuiusdam fatalis incidit vita nostra,
quomodo ferantur aequo, quoad fieri potest, animo, videndum.
Sunt autem profecto divinitus circumscripta ista omnia, ut
quousque evadere possint, definitum sit, neque producet ea longius vis potentiae aut calliditatis versutia humana ulla . . . De
versibus, quorum lectione mirifice sum delectatus, clementer ut
mihi significetur submisse peto: An edi in lucem expressos illos,
et quidem Generosae Nobilitatis tuae nomine, ut autoris apposito,
placeat. Nam lectione hi piorum eruditorumque omnium digni
sunt. De qua voluntate sua, si Generosa Clementia tua me fecerit
certiorem, praecipui hoc beneficii loco ducam, et quae iussus fuero
diligenter exequar . . .«

5. *Aus einem Brief des Grafen Hermann an Heinrich Geldorp.*
Datiert: Bedburg, den 4. Juli 1571.

»Hochgelerther besunder guther freundt, dass ich euch bissanhero
nicht geantwortt, ist nicht allein die urzach, dass mich meine
kranckheitt ahn den fuessen pladt zu bedt gehalten, sonder auch
in der rechten handt gar ubell vexirett hatt. Ess ist aber itzo,

Gott lob, wieder ahn der besserungh, hett gleichwoll fast gern mögen leiden, dass ir hieher zu mir wheren kommen, dass wyr der Hombergischer und anderer sachen halber hetten conferieren mögen, dan ir mir frey glauben möcht, alss wen ich ein Eydt schwure, dass mir in den handell mitt den laussigen Begijnen eyn solch ungehorsam, muthwill und uhntreuw begegnett von dem geringsten biss zum meisten, und mir under augen gewischt wirdt, dass ess viell zu viell. Iedoch haltt ichs vor ein gewiss zeichen, dass ich Gott ein gefallen dar an thuen werdt, dieweill zich der teuffell und die weltt diesess geringen handelss so hoch ahnnemen. Hier wieder aber ist ess schrecklich et signum irae divinae imminentis, dass die leuth, denen dass wortt Gottes so langh gepredigt worden und beygewhonett, nach [!] so versoffen in dem geitz und eigenen nuetz stecken. Sed dabit Deus his quoque finem . . . Nolo autem incidere in calumnias tyrannorum propter Beguttarum et sui similium obtrectationes . . . Heri Schwendius ad me scripsit, Dacos, sive ut vocant, Transylvanos sibi proprium Principem delegisse Stephanum quendam, nomen gentilicium non adscribit, quod pacem regno Ungariae allaturum confidit . . . Idem scribit Venetos cum Turcis bellum gerere terra marique, atque ideo Italos in magnam spem erectos foedus inter Pontificem, Hispanum et Venetos nunc tandem consummatum iri. De Ducis Johannis Friderici Saxoniae liberatione, ejusque ad patrios lares reditu, omnes bene speramus, praesertim cum Imper.- [ator] hoc negotium commiserit Guljelmo Landtg.[ravio] Hass.- [orum] Principi et prudenti et magnanimo. In Gallia pax viget, ipsis quoque Navarrensibus Regis constantiam tum admirantibus, tum miris laudibus evehentibus. Rex Galliae et Rex Navarrae una cum Admirallio, viro excellentissimo . . ., in una civitate Mamormicarum convenerunt, ac magnus emanavit rumor, sororem Regis Navarro nupturam, quod faxit Deus Optimus Maximus. Quaenam sit futura in Belgio catastrophe, Deus novit, mihi praesens rerum status nondum arridet . . . Sub finem hujus mensis Morsae me adfuturum spero, et, si salvo meo honore fieri posset, in hac domuncula aut Vrimorsshemy libenter consenescerem, sed non nobis, sed Patriae nati sumus. Non possum autem satis tibi declarare, quanto me toedio molestiaque afficiant sinistri mores et pleonoxiae foedissimae satraparum Morsensium, ita etiam ut mihi non solum locum, verum etiam nomen fere invisum reddant, attamen voluntati divinae ante omnia parendum et auxilio Dei fortiter fidendum ac insistendum . . .«

6. Aus einem Brief des Joachim Camerarius an Graf Hermann.
Datiert: Leipzig, den 9. Oktober 1571.

»Litteras quas ad tuam Gen.[erosam] Clem.[entiam] sane ante
multos menses dedi, an redditae sint nondum potui cognoscere.
Scripseram autem cum de aliis quibusdam, tum de versibus abs
tua Clem.[entia] aliquando ad me missis, quos ego et probarem
et communicari recte cum aliis posse iudicarem . . .«

7. Aus einem Brief des Joachim Camerarius an Graf Hermann.
Datiert: Leipzig, den 18. Januar 1572.

». . . Scripsi aliquando de versibus a tua Generosa Clementia
mihi missis, vellet ne illa eos suo nomine praeposito edi, respon-
sumque nondum accepi . . .«

8. Der vollständige Text der Einleitung bzw. der Widmung zu
den Bußpsalmen. Datiert: Leipzig, den 5. März 1573.

»Generoso Nobili et Inclito Comiti ac Domino, Domino Hermano
Comiti ad Neuenar etc. Domino et Comiti subiecte colendo
Joachimus Camerarius S.[alutem] D.[icit.]
Accipe generose, nobilis et inclite Comes, clemente animo, opus-
culum versuum ab inclita clementia tua ad me aliquando missum,
editum tandem et typis expressum apud nos. In quo non mea
culpa atque negligentia, mora illata est, sed cum alia obstiterunt
conatui, tum exspectatio responsionis ad literas quasdam meas,
quibus perconctatus essem, quae esset generosae claementiae tuae
de editione ista voluntas. Quam quidem responsionem curatam
esse non dubito, sed eas literas suspicor ad me non pervenisse. Nisi
fortasse et temporum tristitia et tuae claementiae oblata graviora
negotia magisque necessariae occupationes, operam quoque responsionis illius impediverunt. Confido autem hoc meum studium, quod tributum est editioni isti, tuae inclitae claementiae
nequaquam improbatum iri. Nam de versuum istorum bonitate
et interpretationis industria res est manifesta atque in medio,
neque mei praeconii voce indiget. Autoris quidem nomen, qui
tuae claementiae notus est, neque etiam mihi sane ignotus, cum
tua claementia non praescribi voluerit ac iusserit, altero iam

exemplo ad me misso, non volui atque debui meum iudicium meamque voluntatem sequens indicare. Non ignorabitur tamen ille etiam suppresso hac editione nomine nequaquam obscuro atque illustri potius. De quo plura dicenda non sunt. Non etiam contrarium tuae inclitae claementiae futurum esse credidi, quaedam his nostra adiungi, quibus si non ornarentur abs tua claementia mihi missa, non etiam tamen illius ipsius quoque (quem admodum mihi persuadeo) opinione atque sententia dedecorarentur. De anapaestis scio generosae claementiae tuae eruditionem atque doctrinam probaturam esse rationes meas: Tale genus versuum recte usurpari in expositione rerum adversarum ac lacrimabilium. In qua parte consideratio quorundam minus diligens reperitur non perpendentium, quibus numeris quae veluti materia conformanda esse videatur. Sed neque de his plus verborum faciendum est. Sane argumentum Psalmorum istorum mirifice congruit huius saeculi infelicitati ac calamitatibus, ad quarum saevitiam mitigandam deprecando, ut in ira quantumvis iusta Deus aeternus misericordiae immensae suae meminerit, inprimis meditatio recitatioque illorum apta ac idonea est. Nam conversione ab impietate et vitiorum turpitudine poenitendo ad pietatis virtutisque studium benignitas divina gratiam favoris sui reconciliari patitur. Atque fuere isti numero VII. Psalmi poenitentiae titulo insigniti. Commenti autem sunt homines aliquando nescio malitiosos hos appellari an superstitiosos conveniat: Istorum Psalmorum tantum pondus tantamque esse dignitatem, ut soli ipsi omnium caeterorum aestimationem atque precium exaequent, patefecisse cuidam viro sancto eum spiritum, qui est mendax, et cuius pravitatis mendacium origo est. Ut iam quantum huic fabulae fidei habendum sit, facile perspici possit. Sed ista nugatoria commendatione hisce Psalmis nihil est opus, quorum fructuosam utilitatem copiose percipit pietatis et religionis sensus in iis, quibus curae et cordi est, elaborare salutem suam in timore et tremore secundum praeceptum Apostoli Pauli [Phil. 2, 12]. Quo studio indies magis ac magis vitam defici apparet, exultantem non sperando in Deo aeterno et gloriantem diligendo nomen eius, sed in profana superbia et impia contumacia et iniustorum sceleratorumque facinorum frequentatione. Verum istae quaerelae ad tuam claementiam deplorandae non sunt: Ante cuius inclitos oculos versantur et cuius generosam mentem excruciando affligunt, nostrae aetatis miseriae et aerumnae tales atque tantae, quales et quantas haud scio an nemo pertimescere potuerit, cum omnino nullum praevidisse animo suo existimem. Quas tanquam nihil curent tanti incendii flammas, astantes ii aspiciunt animis securis, quos patriae saltem caritas ad succurrendum incitare, et avertendum ultimum exitium commovere debebat. Quid? quod quidam etiam vel corrupti pecunia vel aliis promissis allecti adiutores cladium communium esse depraehenduntur. Haec quo evasura esse metuendum sit, animadvertunt atque perspiciunt ii, qui historias legentes similium rerum qui eventus fuerint, attendunt et cum illis has conferunt. Quorum de exitu divinatio est certior, quam ullorum vaticinationes sunt, quae tam de siderum motu atque congressu, quam ostentorum signis crebrae eduntur. In quo sane est triste ac dolendum, quod perpauci, si omnino tamen aliqui, vel divinis significationibus vel humanis praedictionibus sic afficiuntur, ut laboranti et interiturae patriae, nisi auxilium feratur, subveniri respectu suo studeant. Sed nescio quo pacto oratio eo relabitur unde abstracta est, ad querelas nimirum et deplorationem infelicitatis nostrae, quod modo agendum non esse paulo ante dixi. Finem igitur facio. Et quod restat: Deum aeternum imploro precibus meis, ut tuam generosam et inclitam claementiam sua misericorde manu in his max.[imis] illique propinquis periculis benigne protegat tueaturque et conservet cum omnibus ipsum caste venerantibus et pie religioseque colentibus ubicunque locorum et gentium. Tua generosa claementia bene valeat. Vale Lips.[iae] D.[ie] V.[quinto] M.[ensis] Martii, Anno Christi M. D. LXXIII.«

9. Aus einem Brief des Joachim Camerarius an Graf Hermann. Datiert: Leipzig, den 12. August 1573.

». . . Versus Psalmorum missos ante biennium ad me, curare coepi exprimendos typis apud nos prox.[imo] vere, qui iam ex officina tandem prodiere. Hisque et meorum aliquid addidi et compellationem ad Gen.[erosam] Cl.[ementiam] tuam praeposui. Hoc consilium et factum meum, ut T.[ua] G.[enerosa] Cl.-[ementia] in opt.[imam] partem benigne accipiat, submisse ab illa peto. Quod si forte non explorata prius sententia tua, fieri istud non oportuisse censes: oro, ut venia detur vel opinioni meae, ista utiliter a multis lectum iri, vel iudicio, digna esse ea quae in manus plurimorum perveniant, vel certe confidentiae meae de T.[uae] G.[enerosae] Clem.[entiae] erga me perpetua

et propensa voluntate, et ea affectione benignitatis, ut ad ignos-
cendum peccato etiam meo facilis illa sit futura. Libellum tradidi
ei, qui T.[uae] Cl.[ementiae] litteras attulerant, pollicenti se
curaturum, ut recte ad illam perveniret. Adiunxi quaedam, quae
et ipsa arbitrabar libenter esse lecturam T.[ua] Cl.[ementia].«

10. *Aus einem Glückwunsch des Heinrich Castritius Geldorp an
Graf Adolf von Neuenahr und seine Frau über den Grafen Hermann. Datiert: Homberg am Rhein, im März 1579.*

». . . Cum igitur apud omnes prudentes in confesso sit in bene
constitutis populis non posterius requiri curam gloriae praestan-
tium virorum, quam virtutes ipsas bonorum virorum formatrices,
cumque eam curam tanti fecerint gentium omnium cultissimi
Lacedemonii et Athenienses, ut legibus latis eam sanciendam
duxerint, quid de beato Hermanno Nuenaro, agnato atque affine
tuo Principe, qui propter generis celsitudinem, quoad vixit per
Galliam, Angliam ac utramque Germaniam inclaruit eruditione,
qui prudentia utilis fuit Caesaribus et Monarchis, qui amicitia
charus extitit passim, ut doctissimis quibusque scriptoribus nostri
temporis, ita celeberrimis Academiarum professoribus, qui in
populo suo ea semper facilitate et aequitate illuxit, ut perpetuum
sui desiderium reliquerit, ut merito te Princeps Adolphe . . .
sollicitum habere aequum est; ita non dubito, quin cunctis curae
futurum sit, qui tam nunc dolent ereptum, quam viventem preci-
puo in honore habuerunt« . . . »Confer nunc quo statu cogna-
tionis, quo rerum suarum, quo temporum momento, quibus orbis
Christiani motibus e vivis excesserit, Principum omnium nostrae
aetatis famigeratissimus. Nimirum hoc in fatis ei fuit, summam-
que ad gloriam accessit. Quod si ad eruditos conferas statim post
clarissimum professorum Joachimum Camerarium ultimum Sym-
mistarum Lutheri, quem et in studiis suis conferendis unice co-
luit. Si ad Principes, post Philippum Lantgravium et Fridricum
Palatinum, qui soli restiterant ex illis Heroibus, qui contra vim
Antichristi et mancipiorum eius insaniam inter primos glaciem
ad Evangelium tendentibus secuerant, quosque et ipse semper
amicissimos coluerat, tandem et ipse utriusque ordinis ultimus
beatissimae aetatis lustrum condidit. Hic mirari licet, quod, cum
propugnante aliquamdiu Evangelium Germania, captis belli Du-
cibus, mulctatis quoscunque vellet victor, parentem haberet, qui

nunquam a foedere piorum discessit; it ipse parentis vita functi instituta intrepide exequeretur, semper tamen illas tempestates tamquam asylo quodam suo defensus finibus suis excluserit. Non possum hoc tribuere nec patris gratiae, quem scio Caesari Carolo gratissimum fuisse, nec filii aut prudentiae aut eruditioni, qui et ipse apud Monarchas annuis stipendiis dignus habebatur . . .«

11. Aus einem Trauergedicht Geldorps, in dem er Leben und Taten des verstorbenen Grafen Hermann besingt. Entstehungszeit wahrscheinlich Dezember 1578 bis März 1579.

»Discere iustitiam, et Iovis almi iussa vereri,
Quantum erat ex illo, meditato pectore sensus,
Promere, quae tripodum ancipites sub murmure voces,
Cumarumque graves, sinuosa per antra beatus,
Post habuere sibi, non sic oracula Phoebus
Reddidit omnimodo, linguarum subdolus usu,
Ut tu nunc Graio varius, nunc ore latino,
Sacra Palaestini, variasti carmina vatis,
Illa quibus patrio, mutavit ovilia regno,
Musicus Upilio, quem spiritus aethere missus,
Edocuit cunctos, sacrorum ostendere ritus,
Et ritus decorare modis, quis clarius illo
Detexit nostram Christo reddente salutem?«

Fundorte der Beilagen

1: Bertius, Petrus: Illustrium et clarorum virorum epistolae selectiores, Lugduni Batavorum 1617, p. 82. — Exemplar: Privatbibl. Prof. Goeters, Bonn.

8: Camerarius, Joachim: Psalmi septem, qui poenitentiae titulo celebrantur, . . . autore non nominato. Quibus et Threnorum Hieremiae Prophetae et Psalmorum quoque aliquot carmina adiuncta sunt, composita a . . ., Lipsiae 1573, p. 3—9. — Exemplar: Württ. Landesbibl. Stuttgart.

2, 4, 6, 7, 9: Camerarius, Joachim: Epistolarum familiarum libri VI. Nunc primum post ipsius obitum singulari studio a filiis editi. Francofurti 1583, p. 19 s, 27—32. — Exemplar: Univ.-Bibl. Marburg.

3, 5: Gabbema, Simon Abbes: Illustrium et clarorum virorum epistolae. Editio altera, Harlingae Frisorum 1669, p. 784, 789—793. — Exemplar: Univ.-Bibl. Bonn.

10, 11: Geldorp, Heinrich Castritius: Scholarum ex monasticis opibus institutio, Leydae 1580, fol. 23 26, 37. — Exemplar: Bay. Staatsbibl. München.